French Words I Use...

En ville

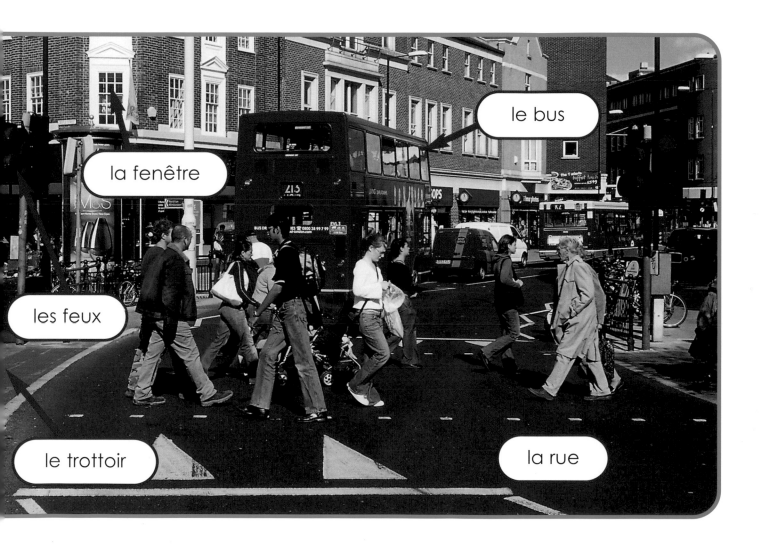

le bus

la fenêtre

les feux

le trottoir

la rue

Sue Finnie & Danièle Bourdais

FRANKLIN WATTS
LONDON · SYDNEY

First published in 2006

by Franklin Watts

Copyright © 2006

Franklin Watts

338 Euston Road

London NW1 3BH

Franklin Watts Australia
Level 17/207 Kent Street
Sydney, NSW 2000

© Franklin Watts 2006

Editor: Jeremy Smith
Series design: Mo Choy
Art director: Jonathan Hair
Photography: Chris Fairclough

CIP data

A CIP catalogue record for this book is
available from the British Library

Dewey no 448.3' 421

ISBN: 9 7807 4966 7993

Printed in China

Franklin Watts is a division of Hachette Children's Books.

Table des matières

About this book
This book introduces children learning French to some key words for talking about the world around them. Simple texts allow the reader to progress beyond single words and to learn some useful phrases. Regular questions encourage children to talk about themselves and give their own opinions.
A quiz is provided on page 22-23 to check how well you have remembered some of the new words, with answers at the bottom of the page. A translation of all the text appears on page 24.

les lampadaires

la circulation

le grand magasin

le bus

les feux

4

la rue

le trottoir

En ville

Voici Oxford Street, à Londres. Il y a beaucoup de **magasins**. Il y a **des bus** et des taxis. Attention! **La rue**, c'est dangereux. Marche sur **le trottoir**!

Tu habites une grande ville?
Oui ☑ Non ☒

le vendeur

les bananes

les avocats

les épinards

Au marché

C'est le jour du marché. Au marché, on achète des fruits et des légumes.

Les bananes sont jaunes, **les poivrons** sont rouges, **les épinards** sont verts et **les oranges** sont... oranges!

À la poste

Au guichet, on achète des timbres et on poste des lettres. **L'employée** est derrière **le comptoir**: "Bonjour madame. Vous désirez?" "Bonjour, madame. Un timbre, s'il vous plaît." "C'est pour une lettre ou une carte postale?" "Une carte postale." "Voilà!"

?
Regarde **la pendule**. Il est quelle heure?

le guichet

le comptoir

8

la pendule

les dépliants

l'employée

la balance

la chaise

le serveur

la table

la tasse

le verre

la soucoupe

la carte

Au café

Au café, on regarde **la carte** et on appelle **le serveur**. "Monsieur, s'il vous plaît!"
"Bonjour. Vous désirez?"
"**Une tasse** de thé et **un verre** d'eau, s'il vous plaît."
"Tout de suite!"

?

Il y a combien de clients? Huit? Neuf? Dix?

le trottoir

le passage piétons

la borne

Dans la rue

Daniel et Julia vont en ville. Dans **la rue**, ils font attention : ils marchent sur **le trottoir** et ils traversent **au passage piétons** quand **les voitures** s'arrêtent.

les publicités

l'horloge

le numéro du quai

les gens

les bagages

14

À la gare

La gare de Waterloo à Londres est très grande.
Il y a beaucoup de trains. Ici, on prend le train
pour aller en France. Le train s'appelle l'Eurostar.
Il passe dans un tunnel, sous la Manche.

Tu aimes prendre le train?
Oui ☑ Non ☒

les toilettes

les distributeurs de tickets

À la bibliothèque

Daniel a trouvé **un livre** super à **la bibliothèque**. Il adore les livres de Roald Dahl.
À **la bibliothèque**, il y a aussi des CD, des vidéos et des DVD.

la bibliothèque

les heures d'ouverture

l'entrée

le livre

Il y a une bibliothèque dans ta ville?
Oui ☑ Non ☒

l'arrêt de bus

la fenêtre

le vélo

17

Au supermarché

La maman de Daniel est au supermarché. Elle achète du pain. Le petit frère de Daniel est dans **le chariot**. Il est content. Il y a beaucoup de choses sur les étagères. Le supermarché, c'est super !

Comment s'appelle le supermarché dans ta ville?

18

le pain

la publicité

les étagères

le chariot

l'allée

19

À l'arrêt de bus

Regarde! **Un bus** arrive. La destination et **le numéro** sont indiqués. C'est le 85. Mais où est le 213? Il arrive dans cinq minutes. À Londres, **les bus** sont rouges.

le numéro du bus

Putney Heath Roehampton 85
Kingston Vale Norbiton
Putney Bridge Station

le bus

le conducteur

la roue

le passager

C'est quoi?

1. a) le pain b) les pastèques

2. a) le bus b) le train

3. a) la gare b) le marché

4. a) les concombres b) les pastèques

5. a) la carte b) le serveur

6. a) la poste b) la bibliothèque

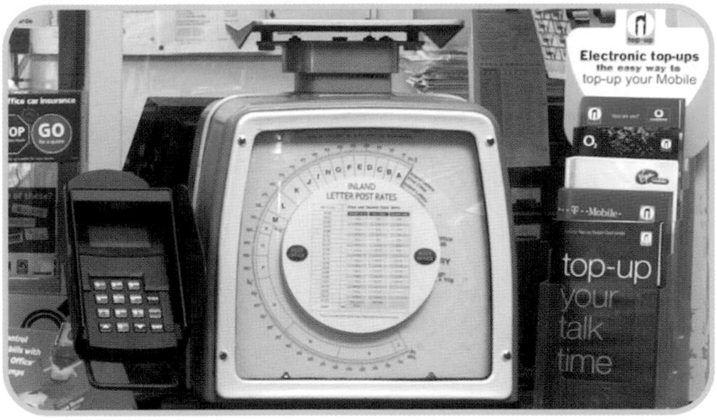

7. a) la gare b) la poste

8. a) le livre b) le vélo

9. a) la chaise b) la table

10. a) l'arrêt de bus b) la gare

11. a) les feux b) la voiture

12. a) la rue b) le magasin

Answers

1 a)
2 a)
3 b)
4 b)
5 a)
6 a)

Translation

IN TOWN

Pages 4-5 In town
Here is Oxford Street, in London. There are a lot of shops. There are buses and taxis. Look out! Streets are dangerous. Walk on the pavement!
Q: Do you live in a big town? Yes/No

le bus	bus
la circulation	traffic
les feux	traffic lights
le grand magasin	department store
les lampadaires	street lights
la rue	road
le trottoir	pavement

Pages 6-7 At the market
It's market day. At the market, people buy fruit and vegetables. The plantains are yellow, the peppers are red, the spinach is green and the oranges are... orange!
Q: What is your favourite fruit? It's...

les avocats	avocado pears
les plantains	plantains
les champignons	mushrooms
les concombres	cucumbers
les épinards	spinach
les mangues	mangoes
les oranges	oranges
les pastèques	watermelons
les poivrons	peppers
le vendeur	market stall holder

Pages 8-9 At the post office
At the sales desk, you buy stamps and you post letters. The employee is behind the counter.
"Hello, can I help you?"
"Good morning. One stamp, please."
"Is it for a letter or a postcard?"
"A postcard."
"There you are!"
Q: Look at the clock. What time is it?

la balance	weighing scales
le comptoir	counter
les dépliants	leaflets

l'employée	sales assistant
le guichet	sales desk
la pendule	clock

Pages 10-11 At the café
At the café, you look at the menu and you call the waiter.
" Waiter, excuse me!"
"Good morning. What would you like?"
" A cup of tea and a glass of water, please."
"Coming right up!"
Q: How many customers are there? Eight? Nine? Ten?

la carte	menu
la chaise	chair
le serveur	waiter
la soucoupe	saucer
la table	table
la tasse	cup
le verre	glass

Pages 12-13 In the street
Daniel and Julia are going to town. In the street, they are very careful: they walk on the pavement and they cross at the zebra crossing when the cars stop.
Q: Do you always cross at the zebra crossing? Yes/No

la borne	bollard
la maison	house
le passage piétons	zebra crossing
les piétons	pedestrians
la rue	road
le signal lumineux	beacon
le trottoir	pavement
la voiture	car

Pages 14-15 At the station
Waterloo station in London is very big. There are a lot of trains. Here, you get the train to go to France. The train is called the Eurostar. It goes through a tunnel, under the English Channel.
Q: Do you like getting the train? Yes/No

les bagages	luggage
les distributeurs de tickets	ticket machines
les gens	people
l'horloge	clock

le numéro du quai	platform number
la publicité	billboard
les toilettes	toilets

Pages 16-17 At the library
Daniel has found a great book at the library. He loves Roald Dahl books. At the library, there are CDs, videos and DVDs too.
Q: Is there a library in your town? Yes/No

l'arrêt de bus	bus stop
la bibliothèque	library
l'entrée	entrance
la fenêtre	window
les heures d'ouverture	opening times
le livre	book
le vélo	bike

Pages 18-19 At the supermarket
Daniel's mum is in the supermarket. She is buying bread. Daniel's little brother is in the trolley. He's very happy. There are loads of things on the shelves. The supermarket is a great place!
Q: What is the supermarket in your town called?

l'allée	aisle
le chariot	trolley
les étagères	shelves
le pain	bread
la publicité	advert

Pages 20-21 At the bus stop
Look! A bus is coming. The destination and the number are indicated. It's the 85. But where is the 213? It's coming in five minutes. In London, buses are red.
Q: What colour are the buses in your town?

l'arrêt de bus	bus stop
le bus	bus
le conducteur	driver
les horaires	timetable
le numéro du bus	bus number
le passager	passenger
la publicité	poster
la roue	wheel